EU AMO TANTO VOCÊ QUE NÃO SEI POR ONDE COMEÇAR. VOCÊ É TÃO ESPECIAL E ESTÁ SEMPRE NO MEU CORAÇÃO.

QUANDO EU PEGO VOCÊ EM MEUS BRAÇOS
NO INÍCIO DA MANHÃ, VOCÊ SEMPRE SORRI
MEIO SONOLENTO PARA MIM.
"EU TE AMO MAMÃE" – VOCÊ DIZ.

E FICA TÃO ANIMADO QUANDO VAI
BRINCAR NO QUINTAL.
“A MAMÃE NÃO CONSEGUE ME PEGAR”
– VOCÊ FALA, ENQUANTO RI E CORRE.

NÓS SEMPRE BRINCAMOS DE ESCONDE-ESCONDE. VOCÊ É TÃO ENGRAÇADO! QUANDO ESTÁ ENCONDIDO COMEÇA A RIR E A ESPIAR.

VOCÊ ADORA EXPLORAR NOVOS
LUGARES E OLHAR PARA O CÉU.
ÀS VEZES, DEITAMOS NO MEIO DAS FLORES
E FICAMOS ASSISTINDO AS
NUVENS PASSAREM.

QUANDO CHEGA A HORA
DO SONINHO DA TARDE,
SEUS OLHOS FICAM PESADOS.
E VOCÊ LOGO DEITA NO MEU COLO.

Z Z Z

VOCÊ FICA TÃO AGITADO DEPOIS QUE ACORDA, QUE LOGO PEGA TODOS OS SEUS BRINQUEDOS. E ACHA DIVERTIDO FAZER TANTO BARULHO!

SEU NARIZ É TÃO LINDO E PEQUENINO.
ELE FICA UM POUCO FRANZIDO QUANDO
VOCÊ RI DAS BOLHAS ESTOURANDO NA BANHEIRA.

QUANDO CHEGA A HORA DE DORMIR, VOCÊ DIZ:
"MAMÃE, VOCÊ PODE ME ABRAÇAR?"
ENTÃO SENTAMOS NO SOFÁ E CONTO
UMA HISTÓRIA ATÉ VOCÊ PEGAR NO SONO.

**VOCÊ ESTÁ SEMPRE NO MEU CORAÇÃO,
PORQUE EM SEUS OLHOS EU VEJO TODO O
AMOR DO MUNDO OLHANDO DE VOLTA PARA MIM.**

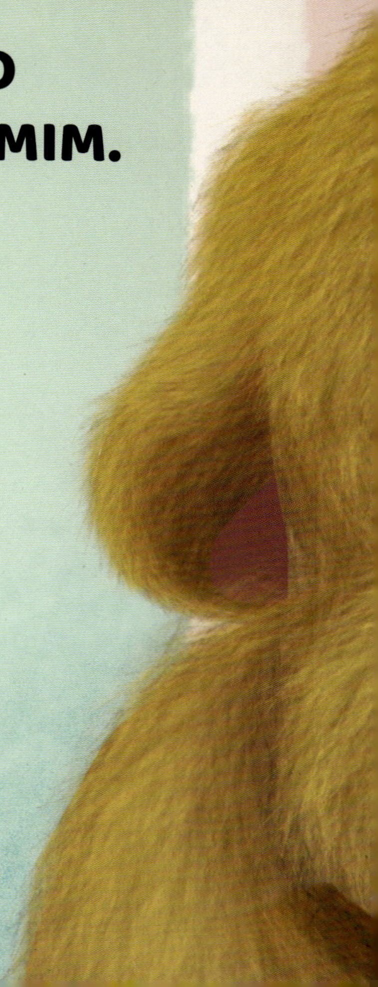